法治中国建设规划（2020—2025年）

节　录

中国法制出版社

目　录

法治中国建设规划
（2020—2025年）

《法治中国建设规划（2020—2025年）》主要内容如下。

法治是人类文明进步的重要标志，是治国理政的基本方式，是中国共产党和中国人民的不懈追求。法治兴则国兴，法治强则国强。为统筹推进法治中国建设各项工作，制定本规划。

一、坚定不移走中国特色社会主义法治道路，奋力建设良法善治的法治中国

党的十八大以来，以习近平同志为核心的党中央从坚持和发展中国特色社会主义的全局和战略高度定位法治、布局法治、厉行法治，将全面依法治国纳入“四个全面”战略布局，加强党对全面依法治国的集中统一领导，全面推进科学立法、严格执法、公正司法、全民守法，形成了习近平法治思想，开创了全面依法

治国新局面，为在新的起点上建设法治中国奠定了坚实基础。

当今世界正经历百年未有之大变局，我国正处于实现中华民族伟大复兴关键时期，改革发展稳定任务艰巨繁重，全面对外开放深入推进，人民群众在民主、法治、公平、正义、安全、环境等方面的要求日益增长，需要更好发挥法治固根本、稳预期、利长远的保障作用。在统揽伟大斗争、伟大工程、伟大事业、伟大梦想，全面建设社会主义现代化国家新征程上，必须把全面依法治国摆在全局性、战略性、基础性、保障性位置，向着全面建成法治中国不断前进。

（一）指导思想

高举中国特色社会主义伟大旗帜，坚持以马克思列宁主义、毛泽东思想、邓小平理论、“三个代表”重要思想、科学发展观、习近平新时代中国特色社会主义思想为指导，全面贯彻党的十九大和十九届二中、三中、四中、五中全会精神，全面贯彻习近平法治思想，增强“四个意识”、坚定“四个自信”、做到“两个维护”，坚持党的领导、人民当家作主、依法治国有机统一，坚定不移走中国特色社会主义法治道路，培育和践行社会主义核心价值观，以解决法治领域突出问题为着力点，建设中国特色社会主义法治体系，建设社会主义法治国家，在法治轨道上推进国家治理体系和治理能力现代化，提高党依法治国、依法执政能力，为全面建设社会主义现代化国家、实现中华民族伟大复兴的中国梦提供有力法治保障。

（二）主要原则

——坚持党的集中统一领导。牢牢把握党的领导是社会主义法治最根本的保证，坚持党领导立法、保证执法、支持司法、带头守法，充分发挥党总揽全局、协调各方的领导核心作用，确保法治中国建设的正确方向。

——坚持贯彻中国特色社会主义法治理论。深入贯彻习近平法治思想，系统总结运用新时代中国特色社会主义法治建设的鲜活经验，不断推进理论和实践创新发展。

——坚持以人民为中心。坚持法治建设为了人民、依靠人民，促进人的全面发展，努力让人民群众在每一项法律制度、每一个执法决定、每一宗司法案件中都感受到公平正义，加强人权法治保障，非因法定事由、非经法定程序不得限制、剥夺公民、法人和其他组织的财产和权利。

——坚持统筹推进。坚持依法治国、依法执政、依法行政共同推进，坚持法治国家、法治政府、法治社会一体建设，坚持依法治国和以德治国相结合，坚持依法治国和依规治党有机统一，全面推进科学立法、严格执法、公正司法、全民守法。

——坚持问题导向和目标导向。聚焦党中央关注、人民群众反映强烈的突出问题和法治建设薄弱环节，着眼推进国家治理体系和治理能力现代化，固根基、扬优势、补短板、强弱项，切实增强法治中国建设的时代性、针对性、实效性。

——坚持从中国实际出发。立足我国基本国情，统筹考虑经济社会发展状况、法治建设总体进程、人民群众需求变化等综合因素，汲取中华法律文化精华，借鉴国外法治有益经验，循序渐进、久久为功，确保各项制度设计行得通、真管用。

（三）总体目标

建设法治中国，应当实现法律规范科学完备统一，执法司法公正高效权威，权力运行受到有效制约监督，人民合法权益得到充分尊重保障，法治信仰普遍确立，法治国家、法治政府、法治社会全面建成。

到2025年，党领导全面依法治国体制机制更加健全，以宪法为核心的中国特色社会主义法律体系更加完备，职责明确、依法行政的政府治理体系日益健全，相互配合、相互制约的司法权运行机制更加科学有效，法治社会建设取得重大进展，党内法规体系更加完善，中国特色社会主义法治体系初步形成。

到2035年，法治国家、法治政府、法治社会基本建成，中国特色社会主义法治体系基本形成，人民平等参与、平等发展权利得到充分保障，国家治理体系和治理能力现代化基本实现。

二、全面贯彻实施宪法，坚定维护宪法尊严和权威

建设法治中国，必须高度重视宪法在治国理政中的重要地位和作用，坚持依宪治国、依宪执政，把全面贯彻实施宪法作为首要任务，健全保证宪法全面实施的体制机制，将宪法实施和监督提高到新水平。

（四）坚持把宪法作为根本活动准则。全国各族人民、一切国家机关和武装力量、各政党和各社会团体、各企业事业组织，都负有维护宪法尊严、保证宪法实

施的职责，都不得有超越宪法法律的特权。坚持宪法法律至上，维护国家法制统一、尊严、权威，一切法律法规规章规范性文件都不得同宪法相抵触，一切违反宪法法律的行为都必须予以追究。党带头尊崇和执行宪法，把党领导人民制定和实施宪法法律同党坚持在宪法法律范围内活动统一起来，保障宪法法律的有效实施。

（五）加强宪法实施和监督。全国人大及其常委会要切实担负起宪法监督职责，加强宪法实施和监督，并将其作为全国人大常委会年度工作报告的重要事项。全国人大及其常委会通过的法律和作出的决定决议，应当确保符合宪法规定、宪法精神。推进合宪性审查工作，健全合宪性审查制度，明确合宪性审查的原则、内容、程序。建立健全涉及宪法问题的事先审查和咨询制度，有关方面拟出台的行政法规、军事法规、监察法规、地方性法规、经济特区法规、自治条例和单行条例、部门规章、地方政府规章、司法解释以及其他规范性文件和重要政策、重大举措，凡涉及宪法有关规定如何理解、实施、适用问题的，都应当依照有关规定向全国人大常委会书面提出合宪性审查请求。

在备案审查工作中，应当注重审查是否存在不符合宪法规定和宪法精神的内容。加强宪法解释工作，落实宪法解释程序机制，回应涉及宪法有关问题的关切。

（六）推进宪法学习宣传教育。在全社会深入开展尊崇宪法、学习宪法、遵守宪法、维护宪法、运用宪法的宪法学习宣传教育活动，普及宪法知识，弘扬宪法精神。抓住领导干部这个“关键少数”，把宪法法律学习列为党委（党组）理论学习中心组学习的重要内容，纳入党和国家工作人员培训教育体系。全面落实宪法宣誓制度。加强青少年宪法法律教育，增强青少年的规则意识、法治观念。在“五四宪法”历史资料陈列馆基础上建设国家宪法宣传教育馆。加强宪法理论研究和教材编写、修订、使用，凝练我国宪法的时代特色和实践特色，形成中国特色社会主义宪法理论和宪法话语体系。

三、建设完备的法律规范体系，以良法促进发展、保障善治

建设法治中国，必须加强和改进立法工作，深入推进科学立法、民主立法、依法立法，不断提高立法质量和效率，以高质量立法保障高质量发展、推动全面深化改革、维护社会大局稳定。

（七）完善立法工作格局。加强党对立法工作的领导，完善党委领导、人大主导、政府依托、各方参与的立法工作格局。党中央领导全国立法工作、研究决定国家立法工作中的重大问题，有立法权地方的党委按照党中央大政方针领导本地区立法工作。

完善人大主导立法工作的体制机制。加强人大对立法工作的组织协调，发挥人大及其常委会的审议把关作用。健全全国人大相关专门委员会、全国人大常委会工作机构牵头起草重要法律草案机制。更好发挥人大代表在起草和修改法律法规中的作用，人民代表大会会议一般都应当安排审议法律法规案。研究完善人大常委会会议制度，探索增加人大常委会审议法律法规案的会次安排。充分发挥人大常委会组成人员在立法中的作用，逐步提高人大常委会专职委员特别是有法治实践经验的专职委员比例。

注重发挥政府在立法工作中的重要作用。做好有关法律、地方性法规草案的起草工作，加强政府部门间立法协调。严格按照法定权限和程序制定行政法规、规章，保证行政法规、规章质量。

拓宽社会各方有序参与立法的途径和方式。加强立法协商，充分发挥政协委员、民主党派、工商联、无党派人士、人民团体、社会组织在立法协商中的作用。

（八）坚持立改废释并举。加强重点领域、新兴领域、涉外领域立法。推动贯彻新发展理念、构建新发展格局，加快完善深化供给侧结构性改革、促进创新驱动发展、防范化解金融风险等急需的法律法规。加强对权力运行的制约和监督，健全规范共同行政行为的法律法规，研究制定行政程序法。围绕加强社会主义文化建设，完善发展文化事业和文化产业、保护知识产权等方面的法律法规。加强保障和改善民生、创新社会治理方面的法律制度建设，为推进教育现代化、实施健康中国战略、维护社会治安等提供有力保障。加强疫情防控相关立法和配套制度建设，完善有关处罚程序，强化公共安全保障，构建系统完备、科学规范、运行有效的突发公共卫生事件应对法律体系。加强同民法典相关联、相配套的法律制度建设。加强国家安全领域立法。健全军民融合发展法律制度。加强信息技术领域立法，及时跟进研究数字经济、互联网金融、人工智能、大数据、云计算等相关法律制度，抓紧补齐短板。加强区域协调发展法律制度建设。制定和修改法律法规要着力解决违法成本过低、处罚力度不足问题。统筹解决食品药品、生态环境、安全生产等领域法律法规存在的该硬不硬、该严不严、该重不重问题。

针对法律规定之间不一致、不协调、不适应问题，及时组织清理。对某一领域有多部法律的，条件成熟时进行法典编纂。加强立法的协同配套工作，实行法律草案与配套规定同步研究、同步起草，增强法律规范整体功效。加强立法评估论证工作。加强法律法规解释工作。建设全国统一的法律、法规、规章、行政规范性文件、司法解释和党内法规信息平台。

坚持立法和改革相衔接相促进，做到重大改革于法有据，充分发挥立法的引领和推动作用。对改革急需、立法条件成熟的，抓紧出台；对立法条件还不成熟、需要先行先试的，依法及时作出授权决定或者改革决定。授权决定或者改革决定涉及的改革举措，实践证明可行的，及时按照程序制定修改相关法律法规。

完善弘扬社会主义核心价值观的法律政策体系，

把社会主义核心价值观要求融入法治建设和社会治理。

加强京津冀协同发展、长江经济带发展、粤港澳大湾区建设、长三角一体化发展、黄河流域生态保护和高质量发展、推进海南全面深化改革开放等国家重大发展战略的法治保障。

（九）健全立法工作机制。健全立法立项、起草、论证、协调、审议机制，提高立法的针对性、及时性、系统性、可操作性。健全立法规划计划编制制度，充分发挥立法规划计划的统筹引领作用。健全立法征求意见机制，扩大公众参与的覆盖面和代表性，增强立法透明度。对与企业生产经营密切相关的立法项目，充分听取有关企业和行业协会商会意见。健全立法征求公众意见采纳反馈机制，对相对集中的意见未予采纳的，应当进行说明。充分利用大数据分析，为立法中的重大事项提供统计分析和决策依据。对立法涉及的重大利益调整事项加强论证咨询，推进对争议较大的重要立法事项引入第三方评估工作。建立健全重要立法争议事项协调机制，防止立法项目久拖不决。完善立法技术规范，加强立法指引。

（十）加强地方立法工作。有立法权的地方应当紧密结合本地发展需要和实际，突出地方特色和针对性、实效性，创造性做好地方立法工作。健全地方立法工作机制，提高立法质量，确保不与上位法相抵触，切实避免越权立法、重复立法、盲目立法。建立健全区域协同立法工作机制，加强全国人大常委会对跨区域地方立法的统一指导。2025 年年底前，完成对全国地方立法工作人员的轮训。

四、建设高效的法治实施体系，深入推进严格执法、公正司法、全民守法

建设法治中国，必须深入推进严格执法、公正司法、全民守法，健全社会公平正义法治保障制度，织密法治之网，强化法治之力，不断增强人民群众的获得感、幸福感、安全感。

（十一）构建职责明确、依法行政的政府治理体系。各级政府必须坚持依法行政，恪守法定职责必须为、法无授权不可为，把政府活动全面纳入法治轨道。

依法全面履行政府职能，着力厘清政府和市场、政府和社会的关系，更加注重用法律和制度遏制不当干预经济活动的行为。深入推进简政放权，持续整治变相设置行政许可事项的违法违规行为。大力推行清单制度并实行动态管理，编制完成并公布中央层面设定的行政许可事项清单、备案管理事项清单，国务院部门权责清单于2022年上半年前编制完成并公布。

严格落实重大行政决策程序制度，切实防止违法决策、不当决策、拖延决策。充分发挥法律顾问、公职律师在重大行政决策中的作用。建立健全重大行政决策跟踪反馈和评估制度。全面推行行政规范性文件合法性审核机制，凡涉及公民、法人或其他组织权利和义务的行政规范性文件均应经过合法性审核。

深化行政执法体制改革，统筹配置行政执法职能和执法资源，最大限度减少不必要的行政执法事项。进一步整合行政执法队伍，继续探索实行跨领域跨部门综合执法。推动执法重心向市县两级政府下移，加大执法人员、经费、资源、装备等向基层倾斜力度。健全事前事中事后监管有效衔接、信息互联互通共享、协同配合工作机制。完善行政执法权限协调机制。健全行政执法和刑事司法衔接机制，全面推进“两法衔接”信息平台建设和应用。完善行政强制执行体制机制。建立健全军地联合执法机制。

坚持严格规范公正文明执法，全面推行行政执法公示制度、执法全过程记录制度、重大执法决定法制审核制度。加大食品药品、公共卫生、生态环境、安全生产、劳动保障、野生动物保护等关系群众切身利益的重点领域执法力度。推进统一的行政执法人员资格和证件管理、行政执法文书基本标准、行政执法综合管理监督信息系统建设。全面推行行政裁量权基准制度，规范执法自由裁量权。改进和创新执法方式，加强行政指导、行政奖励、行政和解等非强制行政手段的运用。建立行政执法案例指导制度。建立健全行政执法风险防控机制。严格执行突发事件应对有关法律法规，依法实施应急处置措施，全面提高依法应对突发事件能力和水平。

加强和创新事中事后监管，推进“双随机、一公开”跨部门联合监管，强化重点领域重点监管，探索信用监管、大数据监管、包容审慎监管等新型监管方式，努力形成全覆盖、零容忍、更透明、重实效、保安全的事中事后监管体系。持续开展“减证便民”行动，推行证明事项告知承诺制。

持续营造法治化营商环境，实施统一的市场准入负面清单制度，清理破除隐性准入壁垒，普遍落实

“非禁即入”。全面清理、废止对非公有制经济的各种形式不合理规定，坚决纠正滥用行政权力排除、限制竞争行为。全面清理违法违规的涉企收费、检查、摊派事项和评比达标表彰活动。加强政务诚信建设，重点治理政府失信行为，加大惩处和曝光力度。实行知识产权侵权惩罚性赔偿制度，激励和保护科技创新。

加快推进“互联网+政务服务”，政务服务重点领域和高频事项基本实现“一网、一门、一次”。2022年年底前建成全国一体化政务服务平台，除法律法规另有规定或涉及国家秘密等外，政务服务事项全部纳入平台办理，全面实现“一网通办”。

（十二）建设公正高效权威的中国特色社会主义司法制度。紧紧抓住影响司法公正、制约司法能力的深层次问题，坚持符合国情和遵循司法规律相结合，坚持和加强党对司法工作的绝对领导。健全公安机关、检察机关、审判机关、司法行政机关各司其职，侦查权、检察权、审判权、执行权相互配合、相互制约的体制机制。深化司法体制综合配套改革，全面落实司法责任制。

明确四级法院职能定位，充分发挥审级监督功能。

完善民事再审程序，探索将具有普遍法律适用指导意义、关乎社会公共利益的案件交由较高层级法院审理。完善最高人民法院巡回法庭工作机制，健全综合配套措施。完善知识产权、金融、海事等专门法院建设，加强互联网法院建设。深化与行政区划适当分离的司法管辖制度改革。健全未成年人司法保护体系。

坚持“让审理者裁判、由裁判者负责”，依法赋权独任庭、合议庭。健全重大、疑难、复杂案件由院庭长直接审理机制。坚持“谁办案谁负责、谁决定谁负责”，落实检察官办案主体地位。健全担任领导职务的检察官直接办案制度。加强办案团队建设，推动司法人员专业化分工、类案专业化办理。健全专业法官会议、检察官联席会议制度，切实发挥为办案组织提供法律咨询的功能。加强和完善指导性案例制度，确保法律适用统一。

深化以审判为中心的刑事诉讼制度改革。健全侦查机关调查收集证据制度，规范补充侦查、不起诉、撤回起诉制度。完善庭前会议、非法证据排除制度，规范法庭调查和庭审量刑程序，落实证人、鉴定人、侦查人员出庭作证制度，完善技术侦查证据的法庭调查和使用规则。完善认罪认罚从宽制度，落实宽严相济刑事政策。改革刑事申诉制度，对不服司法机关生效裁判和决定的申诉，逐步实行由律师代理制度。健全落实法律援助值班律师制度，实现刑事案件律师辩护、法律帮助全覆盖。健全有关工作机制，依法从严从快惩处妨碍突发事件应对的违法犯罪行为。

完善民事诉讼制度体系。探索扩大小额诉讼程序适用范围，完善其与简易程序、普通程序的转换适用机制。探索扩大独任制适用范围。优化司法确认程序适用。改革诉讼收费制度。全面建设集约高效、多元解纷、便民利民、智慧精准、开放互动、交融共享的现代化诉讼服务体系。加快推进跨域立案诉讼服务改革，2022 年年底前实现诉讼服务就近能办、同城通办、异地可办。

深化执行体制改革，加强执行难综合治理、源头治理。深入推进审执分离，优化执行权配置，落实统一管理、统一指挥、统一协调的执行工作机制。完善刑罚执行制度，统一刑罚执行体制。深化监狱体制机制改革，实行罪犯分类、监狱分级制度。完善社区矫正制度。完善监狱、看守所与社区矫正和安置帮教机构之间的工作对接机制。

（十三）深入推进全民守法。全面依法治国需要全社会共同参与，必须大力弘扬社会主义法治精神，建设社会主义法治文化，引导全体人民做社会主义法治的忠实崇尚者、自觉遵守者、坚定捍卫者。

改进创新普法工作，加大全民普法力度，增强全民法治观念。建立健全立法工作宣传报道常态化机制，对立法热点问题主动发声、解疑释惑。全面落实“谁执法谁普法”普法责任制。深入开展法官、检察官、行政复议人员、行政执法人员、律师等以案释法活动。加强突发事件应对法治宣传教育和法律服务。

广泛推动人民群众参与社会治理，打造共建共治共享的社会治理格局。完善群众参与基层社会治理的制度化渠道。加快推进市域社会治理现代化。健全社会治理规范体系。发挥工会、共青团、妇联等群团组织引领联系群众参与社会治理的作用。加快推进社会信用立法，完善失信惩戒机制。规范失信惩戒对象名单制度，依法依规明确制定依据、适用范围、惩治标准和救济机制，在加强失信惩戒的同时保护公民、企业合法权益。加强对产权的执法司法保护，健全涉产权错案甄别纠正机制。完善对暴力袭警行为的刑事责任追究制度。加大对暴力伤害医务人员犯罪行为打击力度。

紧紧围绕人民日益增长的美好生活需要加强公共法律服务，加快整合律师、公证、调解、仲裁、法律援助、司法鉴定等公共法律服务资源，到 2022 年基本形成覆盖城乡、便捷高效、均等普惠的现代公共法律服务体系。构建公共法律服务评价指标体系，以群众满意度来检验公共法律服务工作成效。推动建设一支高素质涉外法律服务队伍、建设一批高水平涉外法律服务机构。

积极引导人民群众依法维权和化解矛盾纠纷，坚持和发展新时代"枫桥经验"。充分发挥人民调解的第一道防线作用，完善人民调解、行政调解、司法调解联动工作体系。全面开展律师调解工作。完善调解、信访、仲裁、行政裁决、行政复议、诉讼等社会矛盾纠纷多元预防调处化解综合机制，整合基层矛盾纠纷化解资源和力量，充分发挥非诉纠纷解决机制作用。深化法律援助制度改革，扩大法律援助覆盖面。有序推进行政裁决工作，探索扩大行政裁决适用范围。

五、建设严密的法治监督体系，切实加强对立法、执法、司法工作的监督

建设法治中国，必须抓紧完善权力运行制约和监督机制，规范立法、执法、司法机关权力行使，构建党统一领导、全面覆盖、权威高效的法治监督体系。

（十四）推进对法治工作的全面监督。加强党对法治监督工作的集中统一领导，把法治监督作为党和国家监督体系的重要内容，保证行政权、监察权、审判权、检察权得到依法正确行使，保证公民、法人和其他组织合法权益得到切实保障。加强国家机关监督、民主监督、群众监督和舆论监督，形成法治监督合力，发挥整体监督效能。推进执纪执法贯通、有效衔接司法。完善人民监督员制度。坚持以公开为常态、不公开为例外，全面推进立法公开、执法公开、司法公开，逐步扩大公开范围，提升公开服务水平，主动接受新闻媒体舆论监督和社会监督。党委政法委应当指导、推动政法单位建立健全与执法司法权运行机制相适应的制约监督体系，构建权责清晰的执法司法责任体系，健全政治督察、综治督导、执法监督、纪律作风督查巡查等制度机制。

（十五）加强立法监督工作。建立健全立法监督工作机制，完善监督程序。推进法律法规规章起草征求人大代表、政协委员意见工作。依法处理国家机关和社会团体、企业事业组织、公民对法规规章等书面提出的审查要求或者审查建议。

加强备案审查制度和能力建设，实现有件必备、有备必审、有错必纠。完善备案审查程序，明确审查范围、标准和纠正措施。强化对地方各级政府和县级以上政府部门行政规范性文件、地方各级监察委员会监察规范性文件的备案审查。加强对司法解释的备案监督。将地方法院、检察院制定的规范性文件纳入本级人大常委会备案审查范围。加快建立全国统一的备案审查信息平台。建立健全党委、人大常委会、政府、军队等之间的备案审查衔接联动机制。建立健全备案审查工作年度报告制度。

（十六）加强对执法工作监督。加强省市县乡四级全覆盖的行政执法协调监督工作体系建设，强化全方位、全流程监督，提高执法质量。加大对执法不作为、乱作为、选择性执法、逐利执法等有关责任人的追责力度，落实行政执法责任制和责任追究制度。完善行政执法投诉举报和处理机制。

加强和改进行政复议工作，强化行政复议监督功能，加大对违法和不当行政行为的纠错力度。推进行政复议体制改革，整合行政复议职责，畅通行政复议渠道，2022 年前基本形成公正权威、统一高效的行政复议工作体制。健全行政复议案件审理机制，加强行政复议规范化、专业化、信息化建设。规范和加强行政应诉工作。

（十七）**加强对司法活动监督。**健全对法官、检察官办案的制约和监督制度，促进司法公正。全面推行法官、检察官办案责任制，统一规范法官、检察官办案权限。加强审判权、检察权运行监督管理，明确法院院长、庭长和检察院检察长、业务部门负责人监督管理权力和责任，健全审判人员、检察人员权责清单。完善对担任领导职务的法官、检察官办案情况的考核监督机制，配套建立内部公示、定期通报机制。健全落实司法机关内部人员过问案件记录追责、规范司法人员与律师和当事人等接触交往行为的制度。构建科学合理的司法责任认定和追究制度。完善司法人员惩戒制度，明确惩戒情形和程序。

完善民事、行政检察监督和检察公益诉讼案件办理机制。健全对最高人民法院巡回法庭、知识产权法院、金融法院、互联网法院等的法律监督机制。拓展公益诉讼案件范围，完善公益诉讼法律制度，探索建立民事公益诉讼惩罚性赔偿制度。完善检察建议制度。

完善刑事立案监督和侦查监督工作机制。健全刑事案件统一审核、统一出口工作机制，规范证据审查判断与运用。健全侦查机关办理重大案件听取检察机关意见建议制度。完善对查封、扣押、冻结等侦查措施的监督机制。健全刑事申诉案件受理、移送、复查机制。推动在市县公安机关建设执法办案管理中心。

加强人权司法保障。建立重大案件侦查终结前对讯问合法性进行核查制度。健全讯问犯罪嫌疑人、听取辩护人意见工作机制。建立对监狱、看守所的巡回检察制度。完善看守所管理制度。完善有效防范和及时发现、纠正冤假错案工作机制。健全辩护人、诉讼代理人行使诉讼权利保障机制。

六、建设有力的法治保障体系，筑牢法治中国建设的坚实后盾

建设法治中国，必须加强政治、组织、队伍、人才、科技、信息等保障，为全面依法治国提供重要支撑。

（十八）加强政治和组织保障。各级党委（党组）和领导干部要支持立法、执法、司法机关开展工作，支持司法机关依法独立公正行使职权。党的各级组织部门等要发挥职能作用，保障推进法治中国建设。中央和省级党政部门要明确负责本部门法治工作的机构。各级立法、执法、司法机关党组（党委）要加强领导、履职尽责，机关基层党组织和党员要充分发挥战斗堡垒和先锋模范作用，保障宪法法律实施。严格执行《领导干部干预司法活动、插手具体案件处理的记录、通报和责任追究规定》。

（十九）加强队伍和人才保障。牢牢把握忠于党、忠于国家、忠于人民、忠于法律的总要求，大力提高法治工作队伍思想政治素质、业务工作能力、职业道德水准，努力建设一支德才兼备的高素质法治工作队伍。

建设革命化、正规化、专业化、职业化的法治专门队伍。坚持把政治标准放在首位，加强科学理论武装，深入开展理想信念教育。完善法律职业准入、资格管理制度，建立法律职业人员统一职前培训制度和在职法官、检察官、警官、律师同堂培训制度。完善从符合条件的律师、法学专家中招录立法工作者、法官、检察官、行政复议人员制度。加强立法工作队伍建设。建立健全立法、执法、司法部门干部和人才常态化交流机制，加大法治专门队伍与其他部门具备条件的干部和人才交流力度。加强边疆地区、民族地区和基层法治专门队伍建设。健全法官、检察官员额管理制度，规范遴选标准、程序。加强执法司法辅助人员队伍建设。建立健全符合职业特点的法治工作人员管理制度，完善职业保障体系。健全执法司法人员依法履职免责、履行职务受侵害保障救济、不实举报澄清等制度。加强法治专门队伍教育培训。

加快发展律师、公证、司法鉴定、仲裁、调解等法律服务队伍。健全职业道德准则、执业行为规范，完善职业道德评价机制。把拥护中国共产党领导、拥护我国社会主义法治作为法律服务人员从业的基本要求。坚持和加强党对律师工作的领导，推动律师行业党的建设。完善律师执业权利保障制度机制。健全法官、检察官、律师等法律职业人员惩戒机制，建立律师不良执业信息记录披露和查询制度。发展公职律师、公司律师和党政机关、企事业单位、村（居）法律顾问队伍。

构建凸显时代特征、体现中国特色的法治人才培养体系。坚持以习近平新时代中国特色社会主义思想为指导，坚持立德树人、德法兼修，解决好为谁教、教什么、教给谁、怎样教的问题。推动以马克思主义为指导的法学学科体系、学术体系、教材体系、话语体系建设。深化高等法学教育改革，优化法学课程体系，强化法学实践教学，培养信念坚定、德法兼修、明法笃行的高素质法治人才。推进教师队伍法治教育培训。加强法学专业教师队伍建设。完善高等学校涉外法学专业学科设置。加大涉外法治人才培养力度，创新涉外法治人才培养模式。建立健全法学教育、法学研究工作者和法治实践工作者之间双向交流机制。

（二十）加强科技和信息化保障。充分运用大数据、云计算、人工智能等现代科技手段，全面建设“智慧法治”，推进法治中国建设的数据化、网络化、智能化。优化整合法治领域各类信息、数据、网络平台，推进全国法治信息化工程建设。加快公共法律服务实体平台、热线平台、网络平台有机融合，建设覆盖全业务、全时空的公共法律服务网络。

七、建设完善的党内法规体系，坚定不移推进依规治党

建设法治中国，必须坚持依法治国和依规治党有机统一，加快形成覆盖党的领导和党的建设各方面的党内法规体系，增强党依法执政本领，提高管党治党水平，确保党始终成为中国特色社会主义事业的坚强领导核心。

（二十一）健全党内法规体系。坚持和加强党的全面领导，坚持党要管党、全面从严治党，以党章为根本，以民主集中制为核心，不断完善党的组织法规、党的领导法规、党的自身建设法规、党的监督保障法规，构建内容科学、程序严密、配套完备、运行有效的党内法规体系。坚持立改废释并举，与时俱进做好党内法规制定修订工作，完善清理工作机制，加大解释力度，提高党内法规质量。健全党内法规备案审查制度，坚持有件必备、有备必审、有错必纠，维护党内法规体系统一性和权威性。注重党内法规同国家法律的衔接和协调，努力形成国家法律和党内法规相辅相成、相互促进、相互保障的格局。

（二十二）抓好党内法规实施。把提高党内法规执行力摆在更加突出位置，把抓“关键少数”和管“绝大多数”统一起来，以各级领导机关和党员领导干部带头尊规学规守规用规，带动全党遵规守纪。加强学习教育，把重要党内法规列为党委（党组）理论学习中心组学习的重要内容，列为党校（行政学院）、干部学院重要教学内容，列入法治宣传教育规划重要任务。加大党内法规公开力度，提高党内法规的普及度和知晓率。落实党内法规执行责任制，做到有规必执、执规必严。开展党内法规实施评估工作，推动党内法规实施。强化监督检查和追责问责，将党内法规执行情况作为各级党委督促检查、巡视巡察重要内容，严肃查处违反党内法规的各种行为。

（二十三）强化党内法规制度建设保障。加强党内法规专门工作队伍建设，突出政治标准，加强专业化建设，充实各级党内法规工作机构人员力量。加快补齐党内法规理论研究方面短板，重点建设一批党内法规研究高端智库和研究教育基地，推动形成一批高质量研究成果，引领和聚集一批党内法规研究人才。健全后备人才培养机制，继续推进在部分高校开展党内法规研究方向的研究生教育，加强学科建设，为党内法规事业持续发展提供人才支撑。

八、紧紧围绕新时代党和国家工作大局，依法维护国家主权、安全、发展利益

建设法治中国，必须高度重视依法保障“一国两制”实践、巩固和深化两岸关系和平发展，运用法治思维和法治方式处理好国际经济、政治、社会事务，深入推进依法治军从严治军，更好维护和实现我国和平发展的战略目标。

（二十四）依法保障“一国两制”实践和推进祖国统一。坚持宪法的最高法律地位和最高法律效力，坚定不移并全面准确贯彻“一国两制”、“港人治港”、“澳人治澳”、高度自治的方针，坚持依法治港治澳，维护宪法和基本法确定的特别行政区宪制秩序，把维护中央对特别行政区全面管治权和保障特别行政区高度自治权有机统一起来，完善特别行政区同宪法和基本法实施相关的制度和机制。支持特别行政区行政长官和政府依法施政、积极作为，履行维护国家主权、安全、发展利益的宪制责任。健全落实特别行政区维护国家安全的法律制度和执行机制，确保“一国两制”

行稳致远。防范和反对外部势力干预香港、澳门事务，保持香港、澳门长期繁荣稳定。

探索"一国两制"台湾方案，推进祖国和平统一进程。推动两岸就和平发展达成制度性安排，完善促进两岸交流合作、深化两岸融合发展、保障台湾同胞福祉的制度安排和政策措施。支持两岸法学法律界交流交往。运用法治方式捍卫一个中国原则、坚决反对"台独"，坚定维护国家主权、安全、发展利益。

依法保护港澳同胞、台湾同胞权益。全面推进内地同香港、澳门互利合作，完善便利香港、澳门居民在内地发展的政策措施。加强内地同香港和澳门、大陆同台湾的执法合作和司法协助，共同打击跨境违法犯罪活动。

（二十五）加强涉外法治工作。适应高水平对外开放工作需要，完善涉外法律和规则体系，补齐短板，提高涉外工作法治化水平。

积极参与国际规则制定，推动形成公正合理的国际规则体系。加快推进我国法域外适用的法律体系建设。围绕促进共建"一带一路"国际合作，推进国际商事法庭建设与完善。推动我国仲裁机构与共建"一带一路”国家仲裁机构合作建立联合仲裁机制。强化涉外法律服务，维护我国公民、法人在海外及外国公民、法人在我国的正当权益。建立涉外工作法务制度。引导对外经贸合作企业加强合规管理，提高法律风险防范意识。建立健全域外法律查明机制。推进对外法治宣传，讲好中国法治故事。加强国际法研究和运用。

加强多双边法治对话，推进对外法治交流。深化国际司法交流合作。完善我国司法协助体制机制，推进引渡、遣返犯罪嫌疑人和被判刑人移管等司法协助领域国际合作。积极参与执法安全国际合作，共同打击暴力恐怖势力、民族分裂势力、宗教极端势力和贩毒走私、跨国有组织犯罪。加强反腐败国际合作，加大海外追逃追赃、遣返引渡力度。

（二十六）深入推进依法治军从严治军。深入贯彻习近平强军思想，坚持党对人民军队绝对领导，全面深入贯彻军委主席负责制，围绕实现党在新时代的强军目标，加快构建完善的中国特色军事法治体系，推动治军方式根本性转变。

加快推进改革急需、备战急用、官兵急盼重点立法项目。有力有序推进军事政策制度改革。完善军事立法计划管理制度。健全军事规范性文件审查和备案制度。完善军事法规制度定期清理机制。推动军事法制信息化建设，推进法规制度建设集成化、军事法规法典化。2020 年年底前，完成国防和军队建设各系统各领域主干法规制度改革，构建起中国特色社会主义军事法规制度体系基本框架；到 2022 年，健全各领域配套法规制度，构建起比较完备的中国特色社会主义军事法规制度体系。

明确军事法规执行责任和程序，落实执法责任制。强化官兵法治信仰和法治思维，深化法治军营创建活动。持续实施军事法治理论研究工程，组织编写全军统一的军事法治理论教材。加强军事法治国际交流，积极参与国际军事规则创制。综合运用党内监督、层级监督、专门监督等方式，构建常态化规范化军事法治监督体系。

构建依法治军组织领导体系，成立军委依法治军组织领导机构及其办事机构。健全军事法制工作体制，建立和调整完善专门的军事法制工作机构。建立军事法律顾问制度。健全党领导军队政法工作机制，强化军委政法委功能作用。完善军事司法制度。

九、加强党对法治中国建设的集中统一领导，充分发挥党总揽全局、协调各方的领导核心作用

建设法治中国，必须始终把党的领导作为社会主义法治最根本的保证，把加强党的领导贯彻落实到全面依法治国全过程和各方面。

（二十七）*深入学习宣传贯彻习近平法治思想。*习近平法治思想是全面依法治国的根本遵循和行动指南。要加强部署安排，持续推动广大干部群众深入学习贯彻习近平法治思想，深刻领会蕴含其中的马克思主义立场观点方法，全面准确把握精神实质、丰富内涵和核心要义，增强学习贯彻的自觉性和坚定性。各级党委（党组）理论学习中心组要将习近平法治思想作为重点内容，党校（行政学院）和干部学院要作为重点课程。各地区各部门要组织党员、干部进行系统学习和培训。法治工作部门要开展全战线、全覆盖的培训轮训。要把习近平法治思想融入学校教育，纳入高校法治理论教学体系，做好进教材、进课堂、进头脑工作。要开展深入研究和宣传，拓展学习宣传的广度深度。运用新媒体新技术，加强网上宣讲。

（二十八）推进依法执政。健全党的全面领导制度。推进党的领导入法入规，着力实现党的领导制度化、法治化。完善党领导人大、政府、政协、监察机关、审判机关、检察机关、武装力量、人民团体、企事业单位、基层群众自治组织、社会组织等制度。将坚持党的全面领导的要求载入国家机构组织法，载入政协、民主党派、工商联、人民团体、国有企业、高等学校、有关社会组织等的章程。完善党委依法决策机制，健全议事规则和决策程序。

建立领导干部应知应会法律法规清单制度，推动领导干部做尊法学法守法用法的模范。把法治素养和依法履职情况纳入考核评价干部的重要内容。各级领导干部要全面提高运用法治思维和法治方式深化改革、推动发展、化解矛盾、维护稳定、应对风险能力，绝不允许以言代法、以权压法、逐利违法、徇私枉法。

（二十九）加强中国特色社会主义法治理论研究，加快中国特色社会主义法治体系建设。立足我国国情和实际，加强对社会主义法治建设的理论研究，尽快构建体现我国社会主义性质，具有鲜明中国特色、实践特色、时代特色的法治理论体系和话语体系。坚持和发展我国法律制度建设的显著优势，深入研究和总结我国法律制度体系建设的成功经验，推进中国特色社会主义法治体系创新发展。挖掘和传承中华优秀传统法律文化，研究、总结和提炼党领导人民推进法治建设实践和理论成果。组织和推动高等学校、科研院所以及法学专家学者加强中国特色社会主义法治理论研究，为建设法治中国提供学理支撑。

（三十）加强党对全面依法治国的统一领导、统一部署、统筹协调。健全党领导立法、保证执法、支持司法、带头守法的制度机制。党政主要负责人要切实履行推进法治建设第一责任人职责，将履行推进法治建设第一责任人职责情况列入年终述职内容。各级党委要将法治建设与经济社会发展同部署、同推进、同督促、同考核、同奖惩。研究制定法治建设指标体系和考核标准。加强对重大法治问题的法治督察。

中央全面依法治国委员会做好法治中国建设的顶层设计、总体布局、统筹协调、整体推进、督促落实，实现集中领导、高效决策、统一部署。地方各级党委法治建设议事协调机构要加强对本地区法治建设的牵头抓总、运筹谋划、督促落实等工作。

各地区各部门要全面准确贯彻落实本规划精神和要求，结合实际制定实施方案，明确分工、压实责任，狠抓落实、务求实效，力戒形式主义、官僚主义。中央依法治国办要强化统筹协调，加强督办、推进落实，确保规划各项任务措施落到实处。

新时代推进全面依法治国的纲领性文件*

——中央依法治国办负责同志就《法治中国建设规划（2020—2025年）》答记者问

近日，中共中央印发了《法治中国建设规划（2020—2025年）》。中央依法治国办负责同志就规划有关问题回答了记者的提问。

问：规划出台有什么背景？

答：制定《法治中国建设规划（2020—2025年）》，是以习近平同志为核心的党中央为统筹推进全面依法治国作出的重大决策。习近平总书记强调指出，“法治建设规划，事关全面依法治国工作全局”“统筹考虑我国经济社会发展状况、法治建设总体进程、人民群众需求变化等综合因素，使规划更科学、更符合实际”。

---

* 来源：《人民日报》2021年1月11日04版。

为了深入贯彻落实习近平总书记重要指示，中央依法治国办自成立以来就着手开展规划制定工作，经过深入调研论证、反复讨论修改，形成了规划征求意见稿，先后征求了各地方各部门意见、有关专家学者意见、中央依法治国委委员意见，在此进程中多次进行修改完善，形成了规划送审稿，先后报经中央全面依法治国委员会第三次会议、中央政治局常委会会议审议通过后，印发实施。

问：规划出台有哪些重要意义？

答：规划是新中国成立以来第一个关于法治中国建设的专门规划，是新时代推进全面依法治国的纲领性文件，是“十四五”时期统筹推进法治中国建设的总蓝图、路线图、施工图，对新时代更好发挥法治固根本、稳预期、利长远的重要作用，推进国家治理体系和治理能力现代化，适应人民群众在民主、法治、公平、正义、安全、环境等方面的新要求新期待，加快实现到2035年基本建成法治国家、法治政府、法治社会的奋斗目标具有重大意义。

特别需要强调的是，规划是深入贯彻落实习近平法治思想的重大成果。2020年11月召开的中央全面依法治国工作会议，确立了习近平法治思想在全面依法治国工作中的指导地位。规划的制定始终坚持以习近平法治思想为指导，把全面贯彻习近平法治思想作为贯穿全篇的主题主线，切实将习近平法治思想落实到规划各个方面。

问：规划的制定遵循了什么样的总体思路？

答：规划的制定重点把握了以下四点：

一是坚持以习近平新时代中国特色社会主义思想为指导，全面贯彻党的十九大和十九届二中、三中、四中、五中全会精神，全面贯彻习近平法治思想，加强党对全面依法治国的集中统一领导，努力为全面建设社会主义现代化国家、实现中华民族伟大复兴的中国梦提供有力法治保障。

二是坚持以人民为中心，坚持法治建设为了人民、依靠人民，把切实维护人民合法权益落实到规划每一部分，努力让人民群众在每一项法律制度、每一个执法决定、每一宗司法案件中都感受到公平正义。

三是坚持问题导向和目标导向，围绕到 2035 年法治国家、法治政府、法治社会基本建成的目标，聚焦党中央关心、社会关注、人民群众反映强烈的突出问题，加强顶层设计，鼓励试点改革和基层探索，分阶段、有步骤谋划任务部署。

四是坚持衔接协调，系统梳理党的十八大以来党中央提出的法治领域重大改革举措，需持续推进的进一步强化，试点成绩突出的全面推广，并根据新形势新要求提出新举措。同时注重处理好规划与中央其他法治建设有关规划、纲要、意见等的关系，努力实现有机统一。

问：规划的总体框架是什么？

答：规划以中国特色社会主义法治体系“五大体系”为主体框架，围绕“五大体系”作出具体部署安排，把中国特色社会主义法治体系的“总抓手”作用落细落实，突出统筹性、全面性、保障性、创新性，共由九部分组成：第一部分，主要明确法治中国建设的指导思想、基本原则和主要目标；第二部分至第九部分，主要围绕全面贯彻实施宪法，建设完备的法律规范体系、高效的法治实施体系、严密的法治监督体系、有力的法治保障体系、完善的党内法规制度体系，依法维护国家主权、安全和发展利益，加强党对法治中国建设的集中统一领导等，提出相关改革发展举措。

问：规划的主要目标是如何确定的，有什么考虑？

答：考虑到这是法治中国建设的第一个总体规划，我们在规划中既分阶段提出了到2025年、2035年的奋斗目标，也提出了法治中国建设的远景目标，以增强规划的目标统领性、指导性。在总体目标的确定上，主要依据了以下几点：一是深入贯彻落实习近平法治思想，将习近平总书记关于全面依法治国的有关目标要求在规划中落下来；二是根据党的十九大和十九届二中、三中、四中、五中全会精神，将党中央有关重大目标要求在法治建设领域具体化；三是立足党的十八大以来全面依法治国的宏伟实践，深入研判新时代面临的新形势新任务，在更高起点、更高层次上确立全面依法治国的更高目标；四是依据各方面意见建议，广泛征求各地方各部门对规划包括主要目标的意见建议，并专门就主要目标征求了法学界有关专家学者的意见，在集思广益、反复研究修改的基础上确定了这些目标。

问：如何抓好规划贯彻落实？

答：各地区各部门要坚持以习近平法治思想为指导，把深入学习贯彻习近平法治思想同实施规划统一起来，把宣传学习规划作为尊法学法守法用法的重要内容，全面准确贯彻落实规划精神和要求，结合实际制定实施方案，明确分工、压实责任，狠抓落实、务求实效，力戒形式主义、官僚主义。中央依法治国办将强化统筹协调，加强督办、推进落实，确保规划各项任务措施落到实处。

图书在版编目（CIP）数据

法治中国建设规划：2020—2025 年：节录/ 中国法制出版社编 . —北京：中国法制出版社，2021. 3（2021. 11重印）

ISBN 978 - 7 - 5216 - 1686 - 6

Ⅰ. ①法… Ⅱ. ①中… Ⅲ. ①社会主义法治 - 建设 - 中国 - 2020 - 2025 Ⅳ. ①D920. 1

中国版本图书馆 CIP 数据核字（2021）第 045840 号

法治中国建设规划（2020—2025 年）：节录

FAZHI ZHONGGUO JIANSHE GUIHUA（2020—2025 NIAN）：JIELU

经销/新华书店

印刷/北京海纳百川印刷有限公司

开本/850 毫米 × 1168 毫米 32 开　　印张/1. 5　字数/19 千

版次/2021 年 3 月第 1 版　　2021 年 11 月第 3 次印刷

中国法制出版社出版

书号 ISBN 978 - 7 - 5216 - 1686 - 6　　定价：6. 00 元

北京西单横二条 2 号

邮政编码 100031　　传真：010 - 66031119

网址：http：//www. zgfzs. com　　编辑部电话：010 - 66054900

市场营销部电话：010 - 66033393　　邮购部电话：010 - 66033288

（如有印装质量问题，请与本社印务部联系调换。电话：010 - 66032926）